Es NAVIDAD

TODO SOBRE LOS DUENDES

KRISTEN RAJCZAK NELSON
TRADUCIDO POR ESTHER SARFATTI

PowerKiDS press
NEW YORK

Published in 2020 by The Rosen Publishing Group, Inc.
29 East 21st Street, New York, NY 10010

First Edition

Translator: Esther Sarfatti
Editor, Spanish: Ana María García
Book Design: Reann Nye

Photo Credits: Cover Darrell Craig Harris is currently based in Las Vegas Nevada/Moment/Getty Images; p. 5 azndc/E+/Getty Images; p. 7 Art Collection 4/Alamy Stock Photo; p. 9 https://commons.wikimedia.org/wiki/File:I_samma_%C3%B6gonblick_var_hon_f%C3%B6rvandlad_till_en_undersk%C3%B6n_liten_%C3%A4lva.jpg; p.11 Culture Club/ Hulton Archive/Getty Images; p. 13 Victorian Traditions/Shutterstock.com; p. 15 Bettmann/Getty Images; p. 17 Hulton Archive/Getty Images; p. 19 SolStock/E+/Getty Images; p. 21 goodmoments/Shutterstock.com; p. 22 © iStockphotos.com/aabejon.

Cataloging-in-Publication Data
Names: Rajczak Nelson, Kristen.
Title: Todo sobre los duendes / Kristen Rajczak Nelson.
Description: New York : PowerKids Press, 2020. | Series: Es Navidad | Includes glossary and index.
Identifiers: ISBN 9781725305151 (pbk.) | ISBN 9781725305182 (library bound) | ISBN 9781725305168 (6pack)
Subjects: LCSH: Elves—Juvenile literature.
Classification: LCC GR549.R35 2020 | DDC 133.4'3—dc23

CPSIA Compliance Information: Batch #CSPK19. For Further Information contact Rosen Publishing, New York, New York at 1-800-237-9932.

CONTENIDO

LO QUE SABEMOS

Son pequeños. Viven en el Polo Norte. Ayudan a Santa en su taller. A veces le cuentan si te portaste bien o mal. ¿Qué son? ¡Los duendes! También llamados *elfos*, estos seres aparecen en muchos cuentos desde hace cientos de años. Pero en Estados Unidos, solo tienen **relación** con los cuentos de Navidad desde el siglo XIX.

LOS DUENDES ANTIGUOS

Hoy en día, se dice que los duendes ayudan a Santa a hacer juguetes. Pero los pueblos nórdicos **antiguos** contaban muchas historias acerca de unos seres pequeños a los que llamaban *elfos*. A veces también se referían a ellos como *la gente escondida*. Los **mitos** nórdicos dicen que estos elfos tenían relación con los dioses nórdicos. ¡Pero los nórdicos no eran los únicos pueblos antiguos que creían en este tipo de seres!

Los celtas, que vivieron en la Irlanda antigua y otros lugares, contaban historias acerca de muchos seres mágicos y míticos. Cuando comenzaron a escribir historias sobre ellos, los llamaron *duendes*. Con el tiempo, esta palabra tomó el significado de un ser pequeño con poderes especiales.

LAS IDEAS CAMBIAN

Hoy los duendes navideños son simpáticos, aunque a veces **traviesos**. En la Europa **medieval**, ¡no se creía que los duendes fueran seres amables! Incluso existe un **poema** muy conocido de la época que dice que son malos y crueles. Sin embargo, en los cuentos del siglo XVI, se mencionaban duendes que hacían bromas a la gente, pero ya nos los mostraban como seres malos.

RELACIÓN CON SANTA

No fue hasta el año 1823 que los duendes comenzaron a formar parte de la historia de Santa Claus. Aquel año salió un poema que llamaba a Santa un "duende muy alegre". El poema se llama *Una visita de San Nicolás*. Los duendes también aparecieron en muchos libros y cuentos que salieron después de esa fecha.

Ya a mediados del siglo XIX, ¡los duendes se habían convertido en parte importante de la historia de Santa Claus! Un poema llamado *Las maravillas de Santa Claus*, publicado en una revista en 1857, dice que Santa "tiene a muchos duendes trabajando". Posiblemente fuera la primera vez que se hablaba de los duendes que ayudaban a Santa a hacer juguetes.

Durante las décadas de 1920 y 1930, varios artistas incluyeron duendes en sus obras. El famoso artista Norman Rockwell pintó a un Santa cansado, junto con sus duendes, que construían una casa de muñecas. Disney hizo una película corta llamada *El taller de Santa Claus*, donde se ven duendes con barbas cantando y ayudando a Santa.

DEC.
24

LOS DUENDES DE HOY

Los duendes navideños que conocemos hoy son una mezcla de diferentes historias y cuentos que vienen de **culturas** del pasado. A menudo tienen las orejas puntiagudas y llevan gorras. Hacen juguetes y ayudan a cuidar los renos en el Polo Norte. ¿Pero también espían a los niños antes de la Navidad?

UN LIBRO FAMOSO

En el año 2005, se publicó un libro llamado *Elf on the Shelf*. En él se dice que Santa envía duendes a casas alrededor del mundo para saber si los niños se portan bien o mal. Muchos padres ponen un duende de juguete en sus casas durante las Navidades para que los niños sepan que Santa los está **vigilando**.

¡LA MAGIA DE LA NAVIDAD!

Los duendes de Navidad no son los únicos que existen. Hay otros tipos de duendes en muchos libros y películas. Pero los duendes navideños son especiales. Son un **símbolo** de alegría durante la época de Navidad. ¡Estos seres mágicos hacen que las Navidades sean aún más divertidas!

GLOSARIO

antiguo: algo que existe de hace mucho tiempo.

cultura: creencias y formas de vida de un grupo de personas.

medieval: época en Europa que duró desde alrededor del año 500 d. C. al 1500 d. C.

mito: historia contada en una cultura antigua para explicar una creencia o suceso natural.

poema: un escrito que a veces tiene rima.

relación: conexión, o algo que ver, con otra cosa.

símbolo: algo que representa otra cosa.

travieso: que muestra un deseo juguetón de causar problemas.

vigilar: mirar u observar algo o a alguien cuidadosamente.

ÍNDICE

SITIOS DE INTERNET

Debido a que los enlaces de Internet cambian constantemente, PowerKids Press ha creado una lista de sitios de Internet relacionados con el tema de este libro. Este sitio se actualiza con regularidad. Por favor, utiliza este enlace para acceder a la lista: www.powerkidslinks.com/IC/elves